María Antonia Ricas Peces

SIGNOS DE UNA ANTIGUA DIOSA

Ápeiron Ediciones

2025

María Antonia Ricas Peces

Signos de una antigua diosa

Obra ganadora
del
Premio «Álvaro de Tarfe» de Poesía 2025

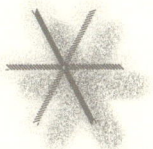

COLECCIÓN CLAVILEÑO

1.ª edición, 2025

© Del texto: María Antonia Ricas Peces

© Ápeiron Ediciones

C/ Príncipe de Vergara, n.º 132, planta 9
28002   Madrid
Tfno.: (+34) 611 00 28 41
E-mail: info@apeironediciones.com
http://www.apeironediciones.com/

Diseño y maquetación: Ápeiron Ediciones

Papel procedente de fuentes responsables

ISBN: 979-13-990670-0-2
Depósito legal: M-15053-2025

SIGNOS DE UNA ANTIGUA DIOSA

Oh, pues sé que, en el polvo, donde hemos enterrado las razas silenciadas y todas sus abominaciones, hemos enterrado tanto de la delicada magia de la vida.

D. H. Lawrence

Casuarius

Sobrevivo,
tiño
mis plumas por desanudar
la voz finalizada
que me reclamó con cariño.

He olvidado a mis padres, cuento
los papelitos que canjeo
con el aire para que vuelen
—nadie debe leerlos, nadie
me localice en la espesura—;
el aire me da a cambio ráfagas
de frutas rojizas, de insectos
con boquitas murmuradoras.

Así sobrevivo,
         vivo,
             revivo huraña.

Pertenezco
a una familia de animales
solitarios;
su mirada y su pico
son tan viejos
que antes de domar la ciudad
ellos sabían dónde anida
la criatura de las tormentas
y la larguísima culebra
que muda de camisa de oro
para el 1 de junio
y nadie la recoge.

Anfitrite

Reúno almendras
de mar, me ves
jugar,
malabarista, ajena al pozo
de sangre, tanta muerte, sólo
flotando en el agua, calmando
si hubiese angustia
o acechara un recelo negro.

Juego trenzando al aire frutos
del agua;
qué sabré yo
de tu fracaso o de tu gozo,
de los cuerpos oscuros, muertos
sin alcanzar
la orilla.

Mi reino nunca
es de este mundo
aunque quizá hubo un día donde,
en la playa de Naxos, fui
complacida cuando bailaba.

Delfos

Empaparía el satén de seda de mi vestido Fortuny –yo, hecha de agua en la fuente Castalia, yo en trance; sí, voy a hablar, voy a confirmar que tengo razón, me han regalado los vínculos con el otro lado de los espejos–

antes de olvidar los himnos, las plegarias, antes de olvidar las rocas fedríades, el sol abrasador y las respuestas para el infortunio.

Prefiero ser una vieja diosa, una vieja adivinadora, vieja de alas de viejo satén antes de olvidar en las ruinas, y visitar las ruinas, un tour por esas ruinas, mañana Santorini, y confundir los templos.

Dos chicas vistas por Macke

El futuro es un rizo con forma de paloma que se desliza lenta, se demora para no ajar cuellos juveniles.

Las dos chicas afirmándose, sujetándose bien a la tierra, afirmándose en su estar visibles y despreocupadas.

Cuando el futuro está por venir no se piensa en él, no se nombra. Las dos chicas patinan sobre su corteza sin temer ni por un momento que podría quebrarse de hielo falso.

Las dos chicas con forma de paloma cada una. Están reposadas, pero sabrían mudar el aire que rodea sus cuerpos acostumbrados a la ligereza y sabrían asaltar el castillo de la melancolía mientras me mienten.

al paraje del barro y de los ocres.
Ah, Diosa,
ahí deseo estar. Te ofreceré
mis frutos.

&

Como lluvia en las manos
tus lágrimas se mezclan
con el color del primer vino,
carmesí amoratado,
hojas empolvadas de olivo,
anaranjadas cartas
de despedidas en la parra,
el viento es leonado
en los chopos, ¡cuánto oscurece
la tierra con tu llanto!
Me quedaré contigo, Diosa,
recogeré la última miel
de tus melíferas
y gritaré tu nombre
en las dolinas
para que tu hija no te olvide.

Oh, Cabiria, dejo el verano
atrás, al fin atrás, adiós,
pero llevo lluvia en las manos,
lágrimas tuyas:

Bendecirán la tierra
con tu amargura.

Me hablaba, ululaba

Hasta que me dormí
estuve oyendo hablar
a la lechuza,
                    me decía
que si confío demasiado
en mañana, en la luz, lo cierto,
que si la noche brilla
para la caza, para ver
fantasmas queridos, *quizá*
te asustes, repetía.

Ululaba, casi un consuelo
oírla en el silencio
de cartón de la plaza,
de la ciudad
vaciándose, prohibiendo
trasplantar los jazmines
que luego lucen en su oreja,
a modo de ramito,
los hombres más felices.

Me hablaba
y yo qué podía decirle
del señorío de la noche
si mis ojos carecen
de la mirada de los gatos.

Me hablaba, ululaba, entendía
su voz.
Intentaré pensar en nada,
le respondí.

Ella se fue alejando
con su casi consuelo.
con su casi canción de amor,
con su casi llamada
sin respuesta.

Diosa fumando cigarrillos Salem*

Aunque tuve un largo aprendizaje de humo, por mucho que quise no he conseguido imitar tu postura.

Nunca tendré los ojos azules, ni seré delgada, morena, con hombros de perfecta redondez, con clavícula mostrándose elegantemente bajo el escote halter del vestido de verano. Ni siquiera me atreví con ese escote, ni siquiera habrá veranos en un jardín de los 60.

No alcanzo a colocar el antebrazo así, con la mano distraída apenas sujetando el pitillo entre el corazón y el índice. Hasta tu manera de dejar caer la ceniza marca el gesto inconfundible de una divinidad a la que le sobra el tiempo o el espacio y sus impedimentos.

Nunca naceré el 9 de noviembre ni tomaré pastillas preciosas, indispensables para escribir un poema provocador y crudo. Tampoco beberé la medida de whisky precisa para enronquecer la voz y seducir levantando con lentitud la mirada.

En mi casa no conviven el tormento, la tentación de morir con estas cortinas pasivas, disecadas. Hace tanto calor, tanta pesadez inconsistente.

Por eso no leeré *Menstruation at Forty* con un favorecedor vestido oscuro, por supuesto con el cigarrillo en la mano, deteniéndome en el segundo verso porque ladra nuestro perrito. Jamás me quiso un perrito y hace tiempo que olvidé la sangre. Y no aparentaré que sé llegar al final del poema sin sonreír, simulando la distancia infinita de las diosas, pausando la lectura por dar otra calada.

* Sobre fotografías y vídeos de Anne Sexton.

Kintsugi en Gaza

Estábamos hechos de loza
finísima; si nos poníamos
al trasluz un leve perfil
aparecía en nuestras pieles,
era la preciosa señal
de la fragilidad, el arduo
vivir.

Hasta que nos tiraron
al suelo, hasta que, derramados,
conocimos el peligroso
modo de los escarabajos.

Nos hicimos añicos,
brazos, quebradas piernas, bultos
de dolor.

Pero más tarde, casi mágica-
mente, fuimos recomponiendo
nuestras ruinas de cuerpos: hilos
de resina dorada
restañaban los trozos;
abrazábamos
cada una de nuestras partes,
las revivíamos, besábamos
sus áureos bordes
y volvíamos a contener
el líquido de sed,
la carne hambrienta.

Algunos no pudieron:
demasiadas astillas, pechos
desmenuzados, maxilares
sin dientes.

Y bebimos por ellos
antes de volver a morir
bajo las bombas.

La casa

Llegan los barcos
con un mar tranquilo, aliviando
el cansancio.

Llegan visitantes pacíficos.

Hoy, continuo presente, cerco
los pasos de la muerte: duerme
bajo la arena de la playa
con pinzas de cangrejo.

Un continuo presente mientras
canto; mi voz cura las ramas
secas de las encinas, cura
el viento que trae resina
montaraz, aromática.

¿Qué tiempo es el no tiempo?
¿El brebaje que paladean
los intrusos?
¿Hierbas olorosas que quemo
en lugar de rezar?
Un continuo presente mientras
tejo el tejido que recorre
las habitaciones, rincones
con murmullos, nidos de arañas
que no lo son sino las sombras
de mis muertos.

Tramo esta tela enorme
disimulando,

como si la casa estuviese
vacía o escucho decir
a alguien pasando debajo
del balcón: *ahí vive la rara,*
la que no deja de coser
su lienzo de palabras.

¿Qué tiempo es el no tiempo
en mi bosque, en Eea?

El continuo presente roza
la cintura de tres amantes
que he convertido en gatos.

Son tan acariciosos.

Uno de ellos aún se asusta;
le hablaré suavemente sobre
ese lugar distante
donde se enferma,
luego morir,
luego el olvido.

Dos hermanas pintadas por Juan de Flandes

No iremos a la echadora de cartas ni leeremos augurios en el vuelo del alcotán ni querremos saber qué números salen en la tirada de los dados.

Ahora jugamos en el presente porque nadie nos calcula aún como valiosas monedas de cambio.

Ahora posamos serias aunque por dentro nos reímos, si nos miramos disimuladamente, de todos los vaticinios.

Yo, Juana, soy la mayor de las dos y levanto mi largo dedo índice para señalar, allí, el cometa y sus signos.

Yo me conformo con llamarme Catalina y regalarte, hermana, un ramito de mirto. Su aroma aparta el miedo al futuro, nos hace olvidadizas y trae lluvia ligera.

Jugamos a mirarnos en el estanque. Los peces nos confunden.

Mujer libélula de Remedios Varo

Qué fea y hambrienta cuando ninfa,
qué bicho acaparando la vida
cercana, la lumbre bajo el agua,
masticando larvas de mosquitos,
incluso pececillos incautos,
incluso débiles intenciones
de ternura.

Qué gusarapo lento,
alimentándose
sin descanso con los cuerpos tenues,
transparentes del lago. Dormir
comiendo, recorrer las raíces
de las cañas comiendo, aprendiendo
a comer comiendo,
a cazar comiendo.

A veces años, a veces muchos
años invertebrados, branquiales.

De repente un día se aventura
por un tallo, respira, sujeta
su volumen y sale de sí,
aletea,
se sostiene en la rama. Me mira
con la melancolía de quien
no ha sabido otra historia más que agua,
el hambre en el agua.

Me mira, reconoce mi cara
cuando me asomaba por encima
del agua.

¿De dónde vino ese modo bello
de flotar liviano?

Si mueve un poco los brazos, bajo
las alas, luz polícroma, seda,
apenas un microgramo, un peso
que no pesa. Vuela como vuelan
las hadas, y luego se detiene,
vuelve a mirarme.

Frágil envergadura, me ofrece
un tesoro efímero, un favor
no pedido,
una caricia en su brevedad,
la exquisita tristeza que avisa
que la muerte bracea en el agua,
que come voraz lo que se encuentra
mientras nada, sube por un junco,
probablemente en una mañana
de primavera y sale de sí,
se metamorfosea.

La Nageuse, de Félix Bonnet «Tobeen»

(En este último abril se subastó en Christie's *La Nadadora*, de «Tobeen». Alguien la adquirió por 50.400 euros. No nos parece mucho pues el pintor abrazó una tarde a Braque y otra a Picasso después de algunos vasos de vino barato).

¿Qué se llevó como suyo ese alguien? ¿Una pintura de una joven con gorrito blanco de baño, de esos que usaba nuestra madre? Bracea, no se le ve el pecho, ni el otro brazo. Cierra los ojos y su misterio es indecible.

¿Qué se llevó?

Una de nosotras sabe que no hace pie, que en la profundidad marina aguardan las novias ahogadas de los marineros.

Una de nosotras adelanta un brazo, luego el otro; rítmicamente mueve las piernas, arriba, abajo, arriba, abajo, con chapoteo uniforme y delicado.

Una de nosotras cierra los ojos, se abandona al agua, insiste en el agua, impávida, criatura refrescándose después de la sequedad de una pena.

Una de nosotras ha perdido el miedo de volar en el agua. Se burla de la muerte, cita a los pulpos y a los escualos. No, no tiene miedo. Qué placer adentrarse en el agua, mecerse en un instante, nadar a ninguna parte. Qué placer entregarse al agua, cerrar los ojos, no tener aspiración de una llegada.

(Alguien adquirió en Christie's el óleo sobre lienzo, pintado antes de 1927, pero una de nosotras sabe del prodigio de habitar en el agua).

De qué puede quejarse una diosa como yo

Las serpientes que anidan en la casa
dejan sus camisas por los rincones.

Un aire añejo
se apresura a ocupar ese tejido,
lo infla como si fuese celofán
por asustar a los intrusos, por
hacerlos desistir mientras me sirvo
el vino que se bebe para brindar
por las rastreadoras
con nombres de familia;
aunque se oculten vibran,
cristalinas,
cuando pronuncio cada nombre en alto.

El aire silba
en las camisas,
craquela su materia
de tiempo y agita cosas pequeñas
que quedaron sin decirle a la madre.

Pero,
de qué puede quejarse
una diosa como yo que antes no haya
herido una arteria humana, debili-
tada por el afecto…

Retrato

Lo esperaba
reclinada, envuelta en el espeso
bordado de Manila, en curva,
en pavo real tan envidioso,
como
Sonia de Klamery
pintada por Anglada
          Camarasa,
blanca la piel,
nada la rozaba, nada hería
esa curva, qué hambriento crecía
el deseo.

Aunque
nadie llegó;
todos los pájaros se cansaron
de su plumosa belleza azul,
levantaron el vuelo
y ella
volvióse transparente,
todavía la seda guardaba
la forma de su cuerpo.

Lo esperaba,
ya no fue blanca ni fue sólida.
Quien se hubiese acercado
habría olido
la insistencia
fugaz
de su perfume.

Escultura de Willy Verginer. De su serie «Rayuela»

Soy una bruja. Lo soy, aunque a ti te parezca —cuando fui joven— una pequeña burguesa soñadora y, ahora, una jinete vieja que monta a pelo su miedo.

Sin necesitar la fama de maldad o conjuros adversos para ti:

Cierro los ojos, consigo elevarme y contemplo la ciudad en la palma de mi mano. Se agradece el aire fresco.

Convierto cada pensamiento en una bolita de madera ligera y clara. Son muchas, de distintos tamaños, pero todas flotan en el río, se alejan. Esa es su importancia.

Previamente he transformado la suciedad del agua en transparencia; puedes ver el ojo azul y el ojo verde en la cara de los peces.

No soy una bruja o sí lo soy. Siento las rodillas doloridas, pero tengo manos finas para seguir jugando, malabar, con las esferas pensadoras.

Y enumero mis cualidades por si un día me desordeno tanto que pierdo el último hechizo en una mirada pasajera y luego no sé encontrar el camino de vuelta a mi altar de diosa.

Luminiscencia

Con la mano en el agua
algo huele en mis dedos,
se iluminan
medusas de azul claro,
azul de ojos que amé,
alucinado azul
lejano.

He caminado
sobre el agua,
sobre los calamares
de piel encandilada,
y he rodado en la espuma
brillante de organismos
verdidorados, miles
en la noche,
toda sucia de arena,
toda de oro huidizo.

Luego
he seguido sin miedo
a tierra firme,
hasta los matorrales,
hasta la densidad
de los crujidos,
de los roces,
bisbiseos,
siseos,
avisos
o preguntas.

Me observa un gecko
neón,
se ha cruzado conmigo
un leopardo
fulgurante
y el murciélago rosa
acaba de morder
a una libélula.

Nada es extraño, hostil
para mis ojos.

Si tú me vieras
verías mis pupilas
fosforecer nictálopes.

Mañana de verano con lluvia

No todo está dicho, no todo
escrito,
porque la luz se anima al gris
aunque el calor insista en verse
verdinuevo, verdipalomas
protegiéndose.

Los pájaros, que se quitaban
la palabra unos a otros, paran,
buscan las ramas de robinia
y es el sonido de la lluvia
como papel o refrescando
o dulce más que lluvia.

Casi se necesita luz,
casi callar obliga el brillo
mojado del jazmín de leche,
y va su olor, se desenrosca,
recorre la plaza y regresa.

¿Ves cómo todo no está dicho?

¿Que si echo de menos las hojas
coloreadas de palabras
del último amor,
del último momento intenso
del último ultimátum? Eso
tonto que juré del futuro…

¿Ves cómo todavía queda
por decir?

Anfitrite II

Matisse me mira,
me reconoce como alimento
de los corales.

No quiero ser
otro motivo que danza dulce
de pelo verde con las burbujas
finas del fondo, de pelo blanco
rozando el vientre de las ballenas,
leche de mar, no quiero ser
sino dejarme mecer por flujos
de sal antigua.

¿Qué ocurre arriba donde la tierra
quiebra su carne, su boca triste
alimentada con polvo y pólvora?

Quiero quedarme
al fondo, leve.

Aquí no bajan vientres sin vida,
botellas tóxicas, dientes, pulmones,

piedras pulidas sustituyendo
a nombres viejos.

Matisse me mira,
me reconoce,
oh, posidonia, mientras escapo.

Matrioska

Abro el intervalo de la mañana

—los pájaros olvidan el calor
que amenaza después como un mugido
de un ciervo ciego
por la falta de amor…—

y otra mañana más redondeada,
más nítido color, da pie a que su hija
surja, muchachita corta, olorosa
madera.

—Tiembla suave la llama de la vela
que enciendo cada día para ti,
tiembla, ¿me escuchas? Ya dejaste el peso
del dolor y vas y vienes flotando,
acaricïas todo y te entretienes
en las cortinas semejante a un aire
insumiso—.

Dentro, tan dentro, el pequeño momento
de una mañana con forma de garza;
la veo aletear, la veo oler
el agua habitada de mi isla, nada
interrumpe esta aparición, se vuelve
bennu creadora, madre alimenta-
dora.

Que nadie se atreva a romper su llanto
en esta belleza.
Después pondré vasijas

para recoger lágrimas de un mundo
transido, pero ahora la mañana
de la mañana y de la mañana
brilla barnizada,
rojo sanpetersburgo y esmeralda,
insensata sin voz o sin porqué.

Cierta forma de mudez palpitante

Me subían dos caracoles
por los pies: remontaron
los dedos, el empeine,
y luego se quedaron
mirando el brillo de su baba
sobre esa piel tan fina.

Yo me quedé muy quieta,
consentí su capricho,
y recordaba a Emily
una vez más y parecía
que les gustaba el compás rítmico
de la arterial tibial.

Ahí, en la curva del tobillo
anidaron
su fugaz existencia.
Por complacerlos me hice hierba,
dejé de lamentar la cal
caída;
me hice apenas persona
transitando

y hubo cierto consuelo, cierta
forma de mudez palpitante.

Medusa

Si me quito la máscara
y duermen las serpientes
de mi pelo, hay abejas
entrando por mis ojos,
yendo a mi nuca. Hay polen
en sus patitas cuando salen.

Sin rostro, sin obstáculo,
vacía, complaciéndome
con eso que cruzase
mi cabeza…

Cuando vuelva a ponerme
la máscara
vengaré a las abejas muertas,
pensaré.

Pertenezco a la tierra,
la única tierra envenenada
o amor perdido,
o pecado imprevisto
(no tuve yo la culpa).

La tierra es el castigo.

¿Qué amor es este mío
sino hecho de barro, del eco
en un pozo, de salamandras
de calor, de peligro?

Miro a las aves migratorias,

van al Sur, y les grito:
¡volad, os estoy viendo,
volad lejos de mí
pero llevadme!

¿Quién me querrá?

Mi niño potro vuela, crece
hasta consentir sólo
una mano divina,
propicia con los rayos.

Mi niña espada, tan dorada,
deja que la blanda un gigante;
su filo rasga nubes,
se precipitan,

y mi sangre se mezcla
con la lluvia.

¿Quién no me odiará? ¿Quién
me peinará las serpientes,
me cerrará los ojos,
me besará la boca virgen?

Niké atándose la sandalia

La muerte fluye entre los contendientes. Un río que no remontará, que perderá memoria y dejará que toda la sangre vaya al fondo de la tierra, a las raíces del sufrimiento.

Alta, ligera, silenciosa, presente, joven, nunca jamás ni una arruga salvo en los pliegues de sus ropajes; parecen más pesados que ella misma, más terrenales que ella misma.

Y aunque la carne está agotada y las avispas llegan antes de secarse la sangre, se detiene para ajustarse la sandalia. El río atormentado se lleva cinturas, aflicciones, pero el tiempo que cuenta, su tormento, su barbarie, ¿importan acaso?

Ella se demora en llegar, en elegir, en otorgar, porque quizá le roza la sandalia, único gesto humano, despreocupado y terrible, por encima del campo de batalla.

Cabeza de muchacha. **Leonardo da Vinci**

Si la vieras… aunque no puedes verla, ya no puedes verla, se ha marchado, no volverá.

Pasó delante de mí, volvió la cabeza y me miró. Entonces supe el nombre de la tristeza, cómo se calla la tristeza cuando no queda ni una casa en pie y hay que irse a ninguna parte, irse, sí, irse, sólo queda la vida.

Si la vieras… No necesité que me hablara para comprender que cuando se ha perdido todo, cuando la mañana es negra de tanto y tanto, y cuerpos desmembrados, y ya ha dejado de contar los niños muertos,

para comprender que cuando la misericordia es el final feliz de las historias fabuladas, y había un dios que escuchaba y ciclos en los campos para sembrar y recoger,

para comprender que cuando ella me miró así, apenas aprisa, sonriendo, no aparenta cansancio, es que la esperanza había cedido su hueco a una certeza: no había consolación ni auxilio.

Su mirada, si la vieras… Me miraba sin verme.

Pentimento

Fragonard la pinta
sentada,
erguida,
con la cabeza levantada.

¿Qué mira, qué vislumbre
de sonrisa rococó cruza
el amarillo de la seda?

¿Descansa
del columpio, de rastrear
el zapato que tuvo vida
propia? ¿O sólo mira
complaciente?

Fragonard, después, se arrepiente:
la prefiere leyendo ensimis-
mada, la perfila muy joven,
la quiere mientras lee, mientras
se ausenta.

❧

Veo en mi piel, bajo
la piel, la piel de los deseos;
hay cierta cuarcita,
cierto cuarteado
recorriendo esta capa
que acontece.

Pero escondida en ella late

aún una niña leyendo
quizá un libro de amor, quizá
su vida.

Seshat

Escribo en las hojas de los árboles
la memoria de lo ocurrido,
esa invención que da consuelo,
y escribo tu futuro, que el mío
es constante en el tiempo, traza
los ríos secándose, el flujo
del fin.

Luego vuelan las hojas, crujen
al menor movimiento, tiemblan
granates y pajizas,
y se dejan picar por bichos
comedores de días: hambre
siempre hambrienta para aplacar
a la muerte.
Bichos que van contigo, giran
sus mil ojos
aguardando más clorofila
muerta.

❧

Vieja zorra, nunca adulé,
dije *no* si me invitan
para ser atrevida cuando
fuese lo correcto robar,
útil callar a las gallinas.
Aunque me voy dejando pelo
arrancado en las zarzas; tengo
calvas y un cálamo antiguo

que raya más que escribe. Incluso
así mi mirada es silvestre.

ↄ

Cuando tuve ojos de pantera
miré a los hombres y enseñé
los colmillos: ellos se acercaron
por el aroma de mi aliento
y con la uña les señalé
en la frente que los amaba.

ↄ

Me borraron de su memoria,
pero cada vez que se miran
en el espejo un signo tenue
les recuerda algo ya sin nombre,
temible, tiemblan, *¿qué será?*
se preguntan,
¿algo divino me rozó?
sí, se preguntan.

ↄ

Fui leona también,
me afilaba las uñas
en el tronco de las acacias,
dibujaba mi nombre,
y alguna gota de veneno-
sa savia se prendía bajo
la piel, líquido tan propicio
en el desgarro.

Pero se me astillaban
—era ya leona madura
y había parido cachorros
que me desconocían—,
entonces procuraba
tener pulidos los colmillos.
Si no podía con las uñas
señalar mi nombre en la carne
de la presa
mi boca degustaba
esa sangre primera y fresca
antes de un olor que llamase
a los buitres…

അ

Hilandera de nieves, loba
que aparta la sequía, madre
de los huesos.
En mis ojos
se refleja el bosque que aún
no has encontrado.
En mis ojos la Luna, el último
vuelo de la rapaz
que luego duerme en una cueva
y sueña con culebras.
En mis ojos,
depredando el deseo, dando
equilibrio, templanza, justa
piedra al momento de la muerte.
Loba contigo,
tu yugular expuesta.

അ

¿Qué crees?, ¿qué he estado esperando
a que me dieses caza
mientras me prometías
que amor y siempre
es lo mismo?
Oh, gacela,
me repetías. Regalabas
mi paladar con dulces
caros, me repetías
siempre
siempre,
pero un día mi ligereza
pudo conmigo,
miré hacia otro lado, salté
—escribía en el aire
según saltaba y edifiqué
mi refugio en el arco
del salto—.

Era escapar a costa
de la soledad.
Era la soledad de quien
se tiene.

Verdín de alegría

Si araño la pared
blanca, si insisto, poco a poco
cede la cal, va desconchándose,
va asemejándose a paredes
de Antonio López; sigo
con dos dedos y va surgiendo
una aleación de colores
prensados bajo el grosor
del olvido.

&

Va apareciendo la voz malva
de nuestra tía trágica.
Adiós, dijimos una tarde
—alguien comentó que la hallaron
con sólo una sonrisa
reconocible—…

Para el anochecer ya no éramos
brujimagos, niñimoscas,
jilgueingenuos, lunasabios,
julioacuáticos,
y la echamos de menos.

Ella se muestra
de cuerpo entero en un segundo;
al siguiente segundo
su voz arrulla nuestra infancia,
nada más.

&

Va apareciendo un no
papel pintado, un no dibujo
de una no flor: no crece
y, sin embargo, vertigi-
nosa me coge por el pelo,
me recorre, oh, cuánto
me perfuma de aquella vez
que nadie hubo en la casa,
solamente los dos,
mi amante y yo…

❧

Y va apareciendo
un verdín de alegría,
de eco de pozo, de humedad
de aljibe donde meto
mi mano;
cuarenta manos suaves,
todas de padre y madre, tú,
N., me acaricias también,
y yo acariciaré por ti
tu colección de porcelanas
diminutas,
luego las pisaré
y reiremos, cómplices,
nos reiremos porque
va apareciendo
tanto enjoyado en la pared,
tanto de todo salvo
las despedidas.

❧

Y aparece, por fin,
lo que buscaba;
un espejo clarísimo,
una lámina de agua
vertical,
una clarividencia, un claro
de María Z., una pregunta
consoladora, un verme,
un descubrirme.

Aparece, por fin,
ese par de ojos. Me señalan,
me murmuran: sigue viviendo
cuanto puedas.

Joven prometedora

Suele ponerse de perfil
porque le han dicho
que se parece a Anna Ajmátova,
pero a su palabra le sobran
ramitos positivos
y cuando menciona a la muerte
es como si anudara un lazo
estético.

(La muerte hiede,
mancha lo que roza y se queda
su cerco)

Sí, se parece a la delgada,
al gesto de quien no
come
salvo para parpadear…

De todos modos,
discúlpame, querida; a veces
mi lengua de diosa se afila
porque no entiendo eso de confra-

ternizar cuando se desea
el mismo trono…

¿Que si la envidio?

Aún conservo los signos
que queman, no los toques.

Signos de una antigua diosa

¿Has contemplado alguna vez
un bodegón de Carmen
                    Laffón?

La transparencia contiene frutas
en el frutero, una atmósfera
que se parece a la nube blanca
de verano pero oculta el verde
                    mar,
          el verde
                    sombra,
          el verde signo
                    griego,

y el rojo de las frutas, duraznos,
—qué roce de la lengua y los dientes
al pronunciar despacio *duraznos*,
cómo acaricia— tiende a marcharse
para buscar las bocas, enve-
nenar las bocas que se acercan
a mi casa, a mi jardín, a mi isla.
Tiende cualquier cosa a convertirse
en adivinanza, ese juego
preferido por las antiguas
diosas.

ა

Después te daré esquejes tiernos
de niña-en-barco moraditos;
plántalos en tus macetas, dones

muy antiguos también, resistentes
al odio de lo seco, a la inquina,
por ejemplo, de dos países
con las mismas abuelas que echaban
los cauris videntes. Fue en el tiempo
de aquellas mujeres que pusieron
nombres de panteras a los árboles.

 හ

Regresando al aire de Carmen
                              Laffón
es un aire sin lastre reuniendo:
    -    fantasmas a punto de viajar
al lugar donde quiera que vivan
los fantasmas,
    -    pucheros de greda con ojos
grabados porque los guisos viejos
son invisibles,
son sagrados,
son peligrosos si se mete
el dedo pues no sólo queman,
no sólo heridas, no se curan,
infectan con el raro deseo
de las semillas
    -    y las cartas de Albert Camus
con María Casares. Cuánto
querer más y más y más y más…
El amor se niega a sí mismo
y yo, que pertenezco a la estirpe
de las remotas diosas, conozco
esa contradicción señalando
el granito hasta pulverizarse.

Me pides: *muéstrame las señales*.
Para eso deberás colocarte
en el cambio sutil de la luz,
en la mirada desesperada
de una mujer que se ha salvado
de las bombas y aún necesita
peinarse.
Observa cómo tu piel varía
su textura con los días, toma
el tacto de tus antepasados…
Espera a que Áine, la irlandesa,
quiera regresar.
Todavía se cuentan relatos
del origen, nadie los escucha,
             nadie los comprende,
             nadie los cree.

Y vuelve al bodegón de Carmen
                    Laffón.

Sé atmósfera verdivioleta,
sé mesa apenas dibujada,
sé mancha –acaso flor, pañuelo–
encima de esa mesa, toque
amarillo clarísimo,
sé frutero de porcelana
clara
y sé duraznos,
rojo terciopelo, pelusilla
olorosa.

Déjate coger
por una mano.

Déjate morder por esa mano
que antes te acaricia.

Como *La Sibila* de Anglada Camarasa

Casuarius, amedrento, separo
la necesidad de conocer
de cuencos de afecto.

Tú vienes
creyendo receloso, asustado,
que por viajar a Delfos intuirás
trazas del destino,
como si se bordara el destino
en una ajada seda costosa,
como si el destino abriese un pozo
donde echar monedas de deseos,
como si el destino poseyera
un lugar donde ir.

Delfos se oculta
en otra parte.

Igual que *La Sibila* de Anglada
                              Camarasa
chasqueo los dedos,
algo me desnudo, algo me resguardo
en mí,
y puedo nombrarte las señales
que esperas… Están ahí, fulgiendo,
¿es que no las ves?

Casuarius arisca, sonriendo malévola,
poniendo huevos de diferentes
machos.

Sibila sabedora, ojerosa,
indecorosa, desagradable,
aunque te cito en lo que más quieres,
aunque estoy a punto de soplar
en tus ojos el humo de la última
vida.

Fotografía de dos amigas juntas:
Leonor Fini y Leonora Carrington

Y, para terminar, sólo tendría una amiga si se dejara retratar conmigo, ambas luciendo tocados plumosos –no de esos de las bodas bien sino pájaros en la cabeza–,

si las dos amáramos al mismo hombre, aunque yo me amase más a mí misma y ella, después, enloqueciera –porque, como decía mi padre, él era un picaflor– y necesitase viajar al trópico para sanar.

No nos escribiríamos cartas; pintaríamos en agua de mar nuestros saludos y qué más podría antojársele al mar que corresponder con las respuestas saladas.

Jugaríamos a diosas, lo seríamos sin duda: unas veces ella se vestiría de gran madre y yo de niña raptada regresando con granos de granada en los labios. Otras, ella repartiría los dones de la tierra y yo me iría despidiendo del verano.

Jugaríamos a lo que juegan quienes frecuentan lo divino: una mañana alimentar a 23 gatos con carne de peces voladores, una tarde la abrazaría mucho, su cintura es más blanda que la mía y su corazón más tierno, y sus pinturas tienden a ser esbeltos caballos verdisalvajes. Y, por la noche, cada una ocultando un secreto –no todo hay que contarse– pero coceríamos ansias de madrugada para el día que amanecía.

Hay una pintura tuya, nuestra, mía, que resume el amor por estar:

Dos mujeres juegan a las damas. Concentradas en el tablero, centradas, sí centradas, una de ellas está a punto de mover ficha. Lo saben todo, agitan todo con un leve movimiento de sus ropas y, sin embargo, no dan importancia a nada salvo al juego de ese instante. El resto del mundo y la respiración de las estrellas se detienen expectantes, contienen el aliento, hasta que ellas levantan la mirada y se escucha, al fin, cómo suspira con alivio el universo.

Este libro se publicó
en el mes de julio
del año 2025